Rue Marivaux

Yvan Pommaux

Rue Marivaux

d'après *La Double Inconstance*

Médium
l'école des loisirs
11, rue de Sèvres, Paris 6e

Grisés : Nicole Pommaux

Loi n° 49.956 du 16 juillet 1949 sur les publications destinées à la jeunesse : septembre 2004
Dépôt légal : septembre 2004
Imprimé en France par Hérissey à Évreux
N° 97090

Il me passe tant de
oui et de non par la tête.
Mon plaisir, où est-il ?
Il n'est ni là, ni là,
je le cherche.

Dis donc, Chloé...
Mmmm?
T'aurais pas grossi des fesses, des fois?
Mpf...

Pauvre bouffon ! Ce coup-ci, t'es bon ! Je te casse en deux !
OUÂÂH !
Au secours ! Dany, cache-moi, mon frère !
Chloé...
Elle est armée !
NAN ! Arrête ! Tue pas Félix ! C'est qu'un venimeux qui ne sait pas ce qu'il dit ! Tu es belle, tu es ravissante... t'as pas grossi des fesses...
T'as maigri du reste !
OUAP !
iiiiiiiiii ! Je les extermine !
Attends Chloé ! On va d'abord les humilier !
Peur !
ARGH !
Très très peur !
Ouais !
2

OUAAAARGH!
NOOON!
PAS ÇA!
Pitié!
Ouille!
Aïe!
TARÉS!
HYÈNES!
POUBELLES!
PIPIS JAUNES!
BACILLES DE KOCH!
CANIVEAUX!
POUX!
Tchac! Tchac! Tchac!
Ça crache!
Ho, les filles! Carton rouge! C'est trop cruel!
Torchons!
Lombrics!
Toi, camembert!
HÉ! ARRÊTEZ!
On est en retard!
Oui chef!
Bien chef!
On y va, chef!

centre culturel
Bonjour, m'sieur Dédé !
Bonjour, les enfants ! Allez-y, j'allume la salle...
clac !
Tu sais, ton texte, toi, Akiko ?
Oui !

On n´a toujours pas les costumes ?
On les aura la semaine prochaine !
Bon ! On y va ...
Présentez-vous !
Encore !!
Tu nous gaves, Julie !
C´est la cinquième fois qu´on répète ! On a compris nos rôles !

PRÉ-SEN-TEZ-VOUS! J'y tiens! Ça vous aide à entrer dans la peau de vos personnages!
Bon! D'accord! On change de peau!
C'est parti!
Djamel, tu n'es plus Djamel, tu es…
Le Prince. J'ai rencontré Silvia et j'en suis tombé amoureux fou. Je ne lui ai pas dit que j'étais le prince, mais je l'ai fait amener à la cour, dans mon palais.
Electra, tu n'es plus Electra, tu es…
Silvia, une villageoise, amoureuse d'Arlequin. On m'a arrachée à lui, pour me conduire dans ce palais que je considère comme une prison.
6

Félix, tu n'es plus Félix, tu es...
Arlequin, amoureux de Silvia. À part ça, j'aime bouffer, je suis gourmand !
Chloé, tu n'es plus Chloé, tu es...
Flaminia, dame de la cour, confidente du Prince. Je vais essayer par tous les moyens de séparer Silvia d'Arlequin (qui ne me déplaît pas).
Akiko, tu n'es plus Akiko, tu es...
Lisette, sœur de Flaminia. Coquette !
Et enfin Dany, tu n'es plus Dany, tu es...
Trivelin, officier du Palais, au service du Prince. J'ai un faible pour Flaminia ...
Un gros faible !

On y va?
On y va!
Moteur!
Mais, Madame, écoutez-moi.
Vous m'ennuyez!

Ne faut-il pas être raisonnable ?
Non, il ne faut point l'être.
Cependant...
Cependant je ne veux pas être raisonnable, quand bien même recommenceriez-vous cinquante fois votre « cependant ».
Vous avez soupé hier si légèrement que vous serez malade si vous ne prenez rien ce matin.
Et moi, je hais la santé, et je suis contente d'être malade. Je ne veux ni déjeuner, ni dîner, ni souper. Je ne veux qu'être fachée, vous haïr tous autant que vous êtes, jusqu'à ce que j'aie vu Arlequin, dont on m'a séparée. Voilà. Et si vous voulez que je devienne folle, vous n'avez qu'à me répéter d'être plus raisonnable...

Si j'osais, cependant...
Encore un «cependant»?
Celui-là m'a échappé, mais je n'en dirai plus, je vous le promets.
Je vous prierai seulement de considérer que c'est votre souverain qui vous aime.
Je ne l'empêche pas ; mais faut-il que je l'aime, moi? Non, parce que je ne le peux pas: c'est simple: un enfant le verrait, et vous ne le voyez pas.
Songez que, tenu d'épouser l'une de ses sujettes, c'est vous qu'il a choisie.
Qui lui a dit de me choisir? M'a-t-il demandé mon avis? Pas du tout, il m'aime, crac, il m'enlève...
10

Voyez, depuis deux jours que vous êtes ici, comment il vous traite. Voyez les honneurs qu'il vous fait rendre, le nombre de femmes qui sont à votre suite, les amusements qu'on tâche de vous procurer. Qu'est-ce qu'un Arlequin à côté d'un prince plein d'égards, d'un prince jeune, aimable et rempli d'amour? Eh! Madame, ouvrez les yeux, voyez votre chance, et profitez de ses faveurs.
Pas mal!
Daignez, s'il vous plaît, me dire en quoi je me trompe.
OUI, JE VAIS VOUS LE DIRE, EN QUOI, OUI...
Eh! doucement, Madame, mon dessein n'est pas de vous fâcher.
Alors, vous êtes bien maladroit!
Je suis votre serviteur.
11

Eh bien ! mon serviteur, qui me vantez tant les honneurs que j'ai ici, qu'ai-je à faire de ces quatre ou cinq fainéantes qui m'espionnent ? On m'ôte mon amant, et on me rend des femmes à la place, quel beau dédommagement ! Et on veut que je sois heureuse avec cela !
Que m'importe cette musique, ces concerts et ces danses dont on croit me régaler ?
Arlequin chantait mieux que tout cela, et j'aime mieux danser moi-même que de voir danser les autres !
Une villageoise heureuse dans un petit bourg vaut mieux qu'une princesse qui pleure dans un bel appartement. Si le Prince est si tendre, s'il est si jeune et aimable, tant mieux pour lui ; qu'il garde tout cela pour ses pareils, et qu'il me laisse mon pauvre Arlequin qui n'est pas plus grand monsieur que je ne suis grande dame, qui m'aime sans façon, que j'aime de même, et que je mourrai de chagrin de ne pas voir !

Hélas! Le pauvre, qu'en aura-t-on fait? Qu'est-il devenu? Il se désespère quelque part, j'en suis sûre; peut-être qu'on le maltraite...
Je suis outrée; tenez, voulez-vous me faire plaisir? Ôtez-vous de là; je ne puis vous souffrir; laissez-moi m'affliger en repos.
Tranquillisez-vous, Madame.
Sortez sans répondre, cela vaudra mieux.
Encore une fois, calmez-vous. Vous voulez Arlequin, il viendra bientôt. On est allé le chercher.
Je le verrai donc!
Et vous lui parlerez aussi.
Je vais l'attendre; mais si vous me trompez, je ne veux plus voir personne.

Eh bien ! as-tu quelque espérance à me donner ? Que dit-elle ?
Ce qu'elle dit, seigneur, ma foi, ce n'est pas la peine de le répéter.
N'importe ; dis toujours.
Tendresse pour Arlequin, impatience de le rejoindre, nulle envie de vous connaître... Vous voyez, cela n'est point réjouissant.
Et franchement, si j'osais dire ma pensée, le mieux serait de la remettre où on l'a prise.
J'ai déja dit la même chose au Prince, mais cela est inutile.
Aussi, ne songeons qu'à détruire l'amour de Silvia pour Arlequin.
14

Moi, je crois qu'il y a quelque chose d'extraordinaire dans cette fille-là ; refuser ce qu'elle refuse, cela n'est pas naturel ; ce n'est pas une femme, c'est une créature d'une espèce inconnue ; il y a là un prodige, n'allons pas plus loin.
Mais ce prodige augmente encore l'amour que j'ai conçu pour elle.
Seigneur, ne l'écoutez pas ; les prodiges, c'est bon pour les contes de fées ; je connais mon sexe : il n'a rien de prodigieux que sa coquetterie...
Est-on allé chercher Arlequin ?
Oui, je l'attends.
Flaminia, nous risquons beaucoup à lui montrer son amant : sa tendresse pour lui n'en deviendra que plus forte.
Oui, mais si elle ne le voit pas, l'esprit lui tournera.

Seigneur, je vous ai déjà dit qu'Arlequin nous était nécessaire.
Oui, qu'on aille le chercher: vous pouvez lui promettre que je le comblerai de biens et de faveurs s'il veut en épouser une autre.
Il n'y a qu'à forcer ce drôle!
Non ; la loi qui veut que j'épouse une de mes sujettes me défend d'user de violence contre qui que ce soit.
Vous avez raison. Soyez tranquille, j'espère que tout se fera à l'amiable ; Silvia vous connaît déjà sans savoir que vous êtes le Prince, n'est-il pas vrai ?
Pfff!
Je vous ai déjà dit qu'un jour, à la chasse, écarté de ma troupe, je la rencontrai près de sa maison : j'avais soif, elle alla me chercher à boire : je fus enchanté de sa beauté et de sa simplicité, et je lui en fis l'aveu. Je l'ai vue cinq ou six fois de la même manière, me présentant comme un simple officier...

Mais quoiqu'elle m'ait traité avec beaucoup de douceur, je n'ai pu la faire renoncer à Arlequin, qui m'a surpris deux fois avec elle.
Il faut mettre à profit l'ignorance où elle est de votre rang. Je me charge du reste, pourvu que vous vouliez bien agir comme je voudrai.
J'y consens. Si vous me gagnez le cœur de Silvia, il n'est rien que vous ne deviez attendre de ma reconnaissance.
Toi, Trivelin, va-t'en dire à ma sœur de venir.
Pas besoin, la voilà qui entre: adieu, je vais au-devant d'Arlequin.
Je viens recevoir tes ordres: que me veux-tu ?
Approche un peu que je te regarde.

Tiens, vois à ton aise.
Oui, tu es jolie, aujourd'hui.
Je sais, mais qu'en as-tu à faire?
Ôte cette mouche galante que tu as là.
OH NON!
Mon miroir me l'a recommandée.
Il le faut, te dis-je.
Quel meurtre! Pourquoi persécutes-tu ma mouche?
J'ai mes raisons pour cela.
Or ça, Lisette, tu es petite et bien faite.
C'est le sentiment de bien des gens.
Tu aimes à plaire?
C'est mon faible.
Saurais-tu inspirer un tendre penchant à quelqu'un?
Mais j'en reviens à ma mouche : elle me paraît nécessaire à l'expédition que tu me proposes.

N'oublieras-tu jamais ta mouche?
Il s'agit d'un homme simple, d'un villageois sans expérience ; il faudra être aussi modeste que les femmes de son village. Voyons, que lui diras-tu?
Mais, je lui dirai... Que lui dirais-tu, toi?
Écoute-moi : point d'air coquet, d'abord On voit trop dans tes petites manières le désir de plaire ; il faut effacer cela.
Tu mets je ne sais quoi de vif dans ton geste ;
quelquefois c'est du nonchalant, du mignard ;
tes yeux veulent être fripons,
veulent attendrir,
veulent frapper,
font mille singeries...
Oh! toutes ces petites impertinences sont très jolies pour une fille du monde ; nous sommes d'accord : ce sont des grâces.
De la façon dont tu parles de mes agréments, je ne les trouve pas si jolis que tu dis.

Avec notre villageois, il faut, s'il te plaît, renoncer à ces agrément-là : le petit homme en question ne les approuverait point. Tiens, c'est comme si quelqu'un n'avait jamais bu que de l'eau bien claire, le vin ne lui plairait pas.
Que mettrai-je donc à la place de ces impertinences que j'ai ?
Rien ; tu laisseras aller tes regards comme ils iraient si ta coquetterie les laissait en repos, et ton maintien tout comme il est quand personne ne te regarde.
Donne-moi quelque échantillon de ton savoir-faire, regarde-moi d'un air ingénu.
Tiens, ce regard-là est-il bon ?
Hum ! Il a encore besoin de quelque correction.
Oh ! veux-tu que je te dise ? Tu n'es qu'une femme ; cela ne compte pas. Laissons cela ; car tu gâcherais la fleur de mon rôle.
C'est pour Arlequin, n'est-ce pas ?
Pour lui-même.
20

Mais, le pauvre garçon! Si je ne l'aime pas, je le tromperai ; je suis fille d'honneur, je m'en fais un scrupule.
S'il vient à t'aimer, tu l'épouseras et cela fera ta fortune ; as-tu encore des scrupules? Tu n'es que la fille d'un domestique du Prince, et tu deviendras grande dame.
Alors voilà ma conscience en repos; et en ce cas-là, si je l'épouse, il n'est pas nécessaire que je l'aime.
Adieu, tu n'as qu'à m'avertir quand il sera temps de passer à l'action.
Je me retire aussi, car voilà Arlequin qu'on amène.
Eh bien! seigneur Arlequin, comment vous trouvez-vous ici? N'est-il pas vrai que voilà une belle maison?
21

Que diantre! Qu'ai-je à faire de cette maison? Qui êtes-vous? Que me voulez-vous?
Je suis un honnête homme, et votre domestique, pour vous servir.
Honnête homme ou fripon, je n'ai que faire de vous, je vous donne votre congé, et je m'en retourne.
Doucement!
Hé! mon domestique, vous êtes bien impertinent d'arrêter votre maître!
C'est un plus grand maître que vous qui m'a mis à votre service...
Qui donc est cet original, qui me donne des valets malgré moi?
Vous le connaîtrez bientôt. Mais j'ai à vous parler...
22

de Silvia...
Silvia !
Vous l'avez perdue depuis deux jours ?
Oui : des voleurs me l'ont dérobée.
Ce ne sont pas des voleurs, et je sais où elle est.
Vous savez où elle est, mon ami, mon valet, mon maître, mon tout-ce-qu'il-vous-plaira ? Ô Silvia, trésor de mon âme, m'amie, je pleure de joie ! Mon ami, montrez-la-moi.
Vous la verrez ; mais il faut auparavant que nous ayons une conversation.
Vous souvenez-vous d'un certain cavalier qui a rendu cinq à six visites à Silvia, et que vous avez vu avec elle ?
Oui ; il avait la mine d'un hypocrite.

Cet homme-là a trouvé votre maîtresse fort aimable.
Pardi ! Il n'est pas le seul !
Et il en a fait au Prince un récit enchanteur.
Le babillard !
Le Prince a voulu la voir, et a donné ordre qu'on l'amenât ici.
Mais il me la rendra, comme de juste ?
Hum ! Il y a une petite difficulté ; il en est devenu amoureux, et il voudrait être aimé d'elle avant de l'épouser. Mais l'amour qu'elle a pour vous fait obstacle à celui qu'il tâche d'éveiller pour lui.
Qu'il fasse l'amour ailleurs ! Il n'aurait que la femme, moi j'aurais le cœur ; il nous manquerait quelque chose à l'un et à l'autre.
Seigneur Arlequin, faites quelque chose pour votre maître ; il ne peut se résoudre a quitter Silvia.
Je vous dirai même qu'on lui a prédit qu'elle doit être sa femme ; il faut que cela arrive, c'est écrit la-haut !
24

Là-haut, on n'écrit pas de telles sottises !
Si on avait prédit que je dois vous assommer, vous tuer par derrière, trouveriez-vous bon que j'accomplisse la prédiction ?
Non, bien sûr. Il ne faut faire de mal à personne.
Eh bien ! c'est du mal que vous me faites, c'est ma mort qu'on a prédite, et dans tout cela, il n'y a que l'astrologue à pendre.
Eh ! morbleu, on ne veut pas vous faire du mal ; nous avons ici d'aimables filles ; épousez-en une, vous y trouverez votre avantage. Le mariage que je vous propose vous acquerra l'amitié du Prince, et cette amitié promet bien des richesses.
25

Des babioles dont je n'ai que faire.
Vous ignorez le prix de ce que vous refusez.
C'est pour cela que je n'y perds rien.
Maison à la ville, maison à la campagne...
Et qui habitera ma maison de ville quand je serai à ma maison de campagne ?
Vos valets !
Des valets ! Qu'ai-je besoin de faire fortune pour nourrir ces canailles-là ? Quelle utilité d'avoir deux maisons ?
Quand il vous plaira, vous irez de l'une à l'autre.
Ainsi je devrais donner ma maîtresse pour avoir le plaisir de déménager souvent ?
Mais rien ne vous touche ! Vous êtes bien étrange ! Tout le monde est charmé d'avoir de grands appartements, nombre de domestiques... vous ne vous souciez ni d'honneurs, ni de belles maisons, ni de magnificence ?
26

Il n'y a pas là pour un sou de bonne marchandise.
La bonne chère vous tenterait-elle ?
Une cave remplie de vin exquis ? Un cuisinier qui vous prépare délicatement et en abondance ce qu'il y a de meilleur, de plus friand en viande et en poisson ?
Vous ne répondez rien ?
Ce que vous me dites là serait plus de mon goût que le reste, car je suis gourmand.
Je l'avoue.
Mais j'ai encore plus d'amour que de gourmandise.
Allons, seigneur Arlequin, faites-vous un sort heureux : il ne s'agit que de quitter une fille pour en prendre une autre.
Non...
Que vous auriez bu de bon vin ! Que vous auriez mangé de bons morceaux !
27

Le cœur de Silvia est un morceau encore plus friand que tout cela.
Voulez-vous me la montrer, ou ne le voulez-vous pas ?
Vous la verrez, soyez-en sûr, mais il est encore un peu matin.
Je vous cherche partout, monsieur Trivelin ; le Prince vous demande.
J'y cours ; tenez donc compagnie au seigneur Arlequin pendant mon abscence.
Ce n'est pas la peine, je me tiens compagnie à moi-même.

Je parie que voilà une coquette qui vient tenter de me séduire...
Néant !
C'est donc vous, Monsieur, qui êtes l'amant de Mademoiselle Silvia ?
Oui.
C'est une très jolie fille.
Oui.
Tout le monde l'aime.
TOUT LE MONDE A TORT!
Pourquoi cela?
Parce qu'elle n'aimera personne d'autre que moi.
Je n'en doute pas, et je ne suis plus si surprise de son obstination à vous aimer.

Et pourquoi en seriez-vous surprise ?
C'est qu'elle refuse un Prince aimable.
Je suis aimable aussi, moi.
Oui, mais enfin, lui, c'est un Prince. Je veux dire qu'il a des sujets, des États, et que, tout aimable que vous êtes, vous n'en avez point.
Des sujets! Des États! Qu'on en ait ou pas, on n'en tient pas plus de place, et cela ne rend ni plus beau, ni plus laid. Vous étiez surprise à propos de rien.
Quel vilain petit homme! Je lui fais des compliments, et il me querelle!
J'avoue qu'à vous voir je m'attendais à une conversation plus douce.
Mademoiselle, il n'y a rien de si trompeur que la mine des gens.
30

Je n'en reviens pas, vous semblez si aimable.
Je sais. Et il n'y a point de remède.
Oh! J'en suis persuadée.
Et qu'est-ce que cela vous fait? Cela vous trouble-t-il?
Pourquoi me demandez-vous cela?
Eh! pour le savoir.
Je serais bien sotte de vous dire la vérité là-dessus; une fille doit taire ses sentiments.
Dans le fond, c'est dommage que vous soyez une si grande coquette.
MOI?
Vous.
31

Savez-vous qu'on ne m'a jamais dit pareille chose et que vous m'insultez?
Point du tout. Il n'y a pas de mal à voir les gens tels qu'ils sont. Ce Ce n'est pas moi qui ai tort de vous trouver coquette, c'est vous qui avez tort de l'être, Mademoiselle.
Et à quoi voyez-vous donc cela?
Parce qu'il y a une heure que vous me dites des douceurs, et que vous prenez des détours pour me dire que vous m'aimez.
Écoutez : si vous m'aimez, allez-vous-en car je suis pris.
D'ailleurs je déteste qu'une fille me fasse l'amour la première ; c'est moi qui veut commencer. Et si vous ne m'aimez pas... alors fi, Mademoiselle,
fi, fi!
32
Morbleu qu'une femme est laide quand elle est coquette.
Mais mon pauvre garcon, vous extravaguez.

Vous parliez de Silvia... Si je vous contais notre amour, vous tomberiez en admiration devant sa modestie...
Les premiers jours, elle se reculait loin de moi, puis de moins en moins loin, puis elle ne reculait plus ; ensuite, elle me regardait en cachette,
et puis elle rougissait quand je l'avais vue faire, et moi, j'avais un plaisir de roi à la voir rougir.
Ensuite, j'attrapais sa main, qu'elle me laissait prendre, et puis elle était toute confuse ; et puis je lui parlais ; ensuite elle ne me répondait rien, puis elle me donnait des regards pour des paroles, et puis des paroles qu'elle disait sans le vouloir parce que
son cœur allait plus vite qu'elle... C'était un charme, et j'étais comme fou. Voilà ce qui s'appelle une fille ; mais vous ne ressemblez pas à Silvia.
Ah! Ah! Ah! Vous me divertissez, vous me faites rire.
33

Et moi je m'ennuie. Adieu ; si tout le monde était comme moi, vous trouveriez plus vite un merle blanc qu'un amoureux.
Eh bien, comment vont nos affaires ?
Mal.
Arlequin t'a mal reçue ?
« *Eh! fi! Mademoiselle, vous êtes une coquette!* » ; voilà son style.
Il ne faut pas que cela vous chagrine, Lisette, vous n'en valez pas moins.
Allons, c'est maintenant à moi de tenter l'aventure. Arlequin ne me déplaît point, et je me suis mis dans la tête de vous rendre content. Vous ne me connaissez pas: quoi! Arlequin et Silvia me résisteraient? Je ne saurais pas manœuvrer leurs deux cœurs? moi qui suis opiniâtre et qui suis femme !
À présent j'ai des preuves que je puis déplaire, et je me passerais bien de ces preuves-là.
34

Vous pouvez, seigneur, préparer votre mariage ; Silvia va vous donner son cœur, puis sa main ; je l'entends dejà vous dire : « Je vous aime » ; je vois vos noces, Arlequin m'épouse et vous nous honorez de vos bienfaits.
Vous m'encouragez à espérer, mais je ne vois rien venir...
Je vais aller chercher Silvia : il est temps qu'elle voie librement Arlequin. Sur la liste des mauvais tours que je veux jouer à leur amour, c'est ce tour-là que j'ai mis en tête.
Faites donc à votre fantaisie.
Voilà une heure que nous allons au hasard, que nous parlons pour ne rien dire. Verrai-je enfin Silvia ?
Vite, retirons-nous, voici Arlequin qui vient.
35

Elle va venir... Parbleu! Je ne me trompe pas, la voilà qui entre.
Adieu, je me retire.
Ah! le voici. Eh! mon cher Arlequin, c'est donc vous!
Oui. Oh! Je meurs de joie. Oh! Oh!
Là, là, doucement. Comme il m'aime; quel plaisir d'être aimée comme cela!
Vous me ravissez tous les deux, amants fidèles.
Si le Prince m'entendait dire cela, je serais perdue... mais du fond du cœur, je vous estime et je vous plains.
36

Vous êtes un bon cœur.
J'ai tant soupiré, mon cher Arlequin.
M'aimez-vous toujours?
Si je vous aime!
Mes amis, je m'en vais, car vous m'attendrissez. Vous me faites tristement ressouvenir d'un amant que j'avais et qui est mort. Il ressemblait à Arlequin et je ne l'oublierai jamais. Adieu, Silvia; on m'a mise auprès de vous, mais je ne vous desservirai point. Aimez toujours Arlequin, il le mérite, et vous, Arlequin, quoi qu'il arrive, regardez-moi toujours comme une amie.
Allez Mademoiselle, vous êtes une fille de bien. Je suis votre ami, moi aussi. Je suis peiné de la mort de votre amant.
Cher Arlequin!
Nous sommes bien malheureux!
Mon âme!
Pauvre petit trésor à moi, m'amie!
Il y a trois jours que je n'ai vu ces beaux yeux-là; regardez-moi, pour me récompenser.

Ah ! j'ai peur de vous perdre ; j'ai peur qu'on ne vous fasse du mal par méchanceté de jalousie ; j'ai peur que vous ne soyez trop longtemps sans me voir, et que vous n'en preniez l'habitude.
Petit cœur !
Je ne veux pas que vous m'oubliiez, mais je ne veux pas non plus que vous souffriez à cause de moi. Je ne sais pas ce que je veux. Je vous aime trop. C'est une pitié que mon embarras. Tout me chagrine.
Hi ! Hi ! Hi ! Hi !
Arlequin, je vais pleurer, moi aussi.
Comment voulez-vous que je m'empêche de pleurer, quand vous êtes si triste ?
Bien. Je ne vous dirai plus que je suis chagrine.
Silvia, je suis votre amant, vous êtes ma maîtresse, et tant que je serai en vie, il en sera ainsi.
Vous êtes un garçon d'honneur. J'ai votre amitié, vous avez la mienne ; je ne la reprendrai pas.

Je suis au désespoir de vous interrompre ; mais votre mère vient d'arriver, Mademoiselle, et elle demande à vous parler.
Ne craignez rien. Allez toute seule trouver votre mère, ma chère Silvia, ce sera plus séant. Vous reverrez Arlequin dès qu'il vous plaira. C'est moi qui vous en assure. Vous savez bien que je ne vous tromperai pas.
Oh! non; vous êtes de notre côté, vous.
Adieu donc, mon cœur, je vous rejoindrai bientôt.
Mademoiselle, restez donc avec moi, pour empêcher que je m'ennuie; il n'y a ici que votre compagnie que je supporte.
tap! tap!

La vôtre, mon cher Arlequin, me fait bien du plaisir aussi, mais j'ai peur qu'on ne s'aperçoive de l'amitié que j'ai pour vous.
Seigneur Arlequin, le dîner est prêt.
Je n'ai point faim.
La soupe est-elle bonne ?
Exquise.
Il faut attendre Silvia.
Je crois qu'elle dînera avec sa mère. Je vous conseille de les laisser ensemble. Après dîner, vous la verrez.
Je veux bien, mais...
Le vin est au frais, et le rôti tout prêt.
Je suis si triste...
Ce rôti, comment est-il ?
C'est un gibier qui a une mine !
40

Allons : quand la viande est froide, elle ne vaut rien.
N'oubliez pas de boire à ma santé.
Venez boire à la mienne, nous ferons mieux connaissance.
Oui-da, de tout mon cœur...
J'ai déjà diné, mais j'ai un quart d'heure à vous donner.
Écoutez la chanson du cuisinier.
Par le fumet de ces chapons,
clic !
Par ces gigots, par ma poularde,
Par la liqueur de ces flacons,
Par nos ragoûts à la moutarde,
Par la vertu de ces jambons,
Je te conjure, âme gourmande,
De venir avaler la viande
Que dévorent tes yeux gloutons.

À part vous, je suis entourée d'ennemis. Cet endroit est épouvantable.
Oh! je n'ai jamais vu de femmes si polies, d'hommes si prévenants... Ce ne sont que manières douces, révérences, compliments... Vous diriez que ce sont les meilleures gens du monde. Point du tout! De tous ces gens-là, il n'y en a pas un qui ne vienne me dire d'un ton mielleux: «Mademoiselle, croyez-moi, je vous conseille d'abandonner Arlequin et d'épouser le Prince.» Ils font cela naturellement, sans honte, comme s'ils m'exhortaient à quelque bonne action! «Mais, leur dis-je, j'ai promis à Arlequin ; où est la fidélité, la loyauté, la bonne foi, dans vos conseils?» Ils me rient au nez, me disent que je fais l'enfant, qu'une grande fille doit être raisonnable ; c'est du joli! tromper son prochain, être fourbe et mensonger: voilà le devoir des grandes personnes dans ce maudit pays. Qui sont ces gens? D'où sortent-ils? De quelle pâte sont-ils faits?

De la pâte des autres hommes, ma chère Silvia. Ne leur en veuillez pas trop ; ils s'imaginent que ce serait votre bonheur que d'épouser le Prince.
Mais ne suis-je pas obligée d'être fidèle ? N'est-ce pas mon devoir d'honnête fille ? Par-dessus le marché, n'est-ce pas cette fidélité qui fait mon charme ? Et on me demande de la renier !
Ces gens pensent à leur façon, et voudraient que le Prince fût content.
Mais ce Prince, que ne prend-il une fille qui se rende à lui de bonne volonté ? Quelle fantaisie d'en vouloir une qui ne veut pas de lui ! Et tous ces concerts, ces comédies, ces grands repas qui ressemblent à des noces, ces bijoux qu'il m'envoie... tout cela lui coûte un argent fou, c'est un abîme, il se ruine...
Et il n'y gagnera rien. Quand il me donnerait toute une boutique de mercerie, cela ne me ferait pas tant plaisir qu'un petit peloton qu'Arlequin m'a donné.
Voilà ce que c'est que l'amour ; j'ai aimé de même, et je me reconnais au peloton.

Tenez, si j'avais eu à changer Arlequin contre un autre, ç'aurait été contre un officier du Palais que j'ai vu cinq ou six fois : c'est dommage que je n'aie pu l'aimer...
Voilà de la compagnie qui nous vient.
Oh! Je crois que c'est cet officier dont je viens de vous parler. C'est lui-même! Voyez comme il est beau.
Comment! C'est vous Monsieur? Vous saviez donc que j'étais là?
Oui, Mademoiselle, je le savais. Vous m'aviez demandé de ne plus vous voir, mais je passais par ici, et je n'ai pu résister au désir de jeter encore une fois les yeux sur une personne qui m'est si chère.

Pardon, je ne prends pas garde que je me trahis, que Flaminia m'écoute, et que je vous importune encore.
Quel mal faites-vous? Ne sais-je pas bien qu'on ne peut la voir sans l'aimer?
Et moi, je voudrais qu'il ne m'aimât pas, car j'ai du chagrin de ne pouvoir l'aimer en retour. S'il était comme tant d'autres, à qui on dit ce qu'on veut, mais il est trop agréable pour qu'on le maltraite, lui.
Ah! Silvia, que puis-je faire pour mériter ce que vous venez de dire, si ce n'est de vous aimer toujours?
Eh bien! aimez-moi; mais n'espérez rien; je ne saurais mieux dire. Arlequin est venu le premier; voilà tout ce qui vous nuit. Mais vous aurez du malheur, et je n'en serai pas heureuse.
Flaminia, je vous en fait juge, peut-on cesser d'aimer Silvia? Connaissez-vous de cœur plus généreux que le sien?

Vous l'entendez ? Comment se comporter avec un homme qui me remercie toujours, qui prend tout ce qu'on lui dit en bien ?
Franchement, je le comprends, Silvia : vous êtes charmante, et à sa place, je serais tout comme il est.
Ah ça ! n'allez pas l'attendrir encore : il n'a pas besoin qu'on lui dise que je suis jolie ; il le croit assez.
À présent, laissez-moi, Monsieur ; et tâchez de m'aimer tranquillement.
Oui, chère Silvia ; de quelque façon que vous me traitiez, mon parti est pris : j'aurai du moins le plaisir de vous aimer toute ma vie.
Vous, ma chère, pendant que je vais chercher Arlequin, allez donc essayer l'habit qu'on vous a fait, il me tarde de vous le voir.

L'étoffe est belle; elle m'irait bien.
Mais je ne veux point de cet habit; car le Prince me veut en troc, et jamais je ne ferai un tel marché.
Vous vous trompez: même s'il renonçait à vous, vous emporteriez tout; vous ne le connaissez pas.
Il ne dira pas après: « Pourquoi as-tu pris mes présents?»
Il vous dira: «Pourquoi n'en avoir pas pris davantage?»
En ce cas, j'en prendrai tant qu'il voudra!
Allez, je réponds de tout.

Il me semble que les choses commencent à prendre forme.
Ah! Ah! Ah!
Voici Arlequin.
En vérité, je ne sais... si ce petit homme venait à m'aimer, j'en profiterais de bon cœur.
Ah! bonjour mon amie.
Vous semblez de bonne humeur; j'aime à vous voir comme cela. Avez-vous bien mangé ?
Ah! morbleu! qu'on m'a apporté de friandes choses! Que le cuisinier d'ici fait de bonnes fricassées! Et j'ai tant bu à la santé de Silvia et de vous que, si vous êtes malade, ce ne sera pas ma faute!
Quoi! vous vous êtes donc ressouvenu de moi?

Quand j'ai donné mon amitié à quelqu'un, jamais je ne l'oublie...
hic!
surtout à table.
À propos de Silvia, est-elle encore avec sa mère?
Mais, seigneur Arlequin, songerez-vous toujours à Silvia?
Taisez-vous, mon valet, quand je parle.
Vous avez tort, Trivelin.
Comment! j'ai tort!
Oui : pourquoi l'empêchez-vous de parler de celle qu'il aime?
À ce que je vois, Flaminia, vous vous souciez beaucoup des interêts du Prince!
Arlequin, cet homme-là me fera des ennuis à cause de vous.
Non, ma chère.
Écoute, toi : je suis ton maître, car tu me l'as dit.
(Je n'en savais rien.)

Fainéant que tu es ! S'il t'arrive de faire le rapporteur et qu'à cause de toi on fasse seulement la moue à cette honnête fille-là, c'est deux oreilles que tu auras de moins !
Tant pis. Je veux faire mon devoir.
Deux oreilles, entends-tu ? Va-t'en !
Je vous obéis, à vous, car j'ai des ordres...
Mais vous me le payerez, Flaminia.
Cela est terrible ! Je n'ai trouvé ici qu'une personne raisonnable, et on vient empêcher ma conversation avec elle !

Ma chère Flaminia, parlons de Silvia ; quand je ne la vois point, il n'y a qu'avec vous que je m'en passe.
Il n'y a rien que je ne fisse pour vous rendre contents tous les deux, Arlequin, et quand je vois qu'on vous chagrine, je souffre autant que vous.
La bonne fille ! Toutes les fois que vous me plaignez, cela m'apaise.
Pardi ! qui ne vous plaindrait pas ? Qui ne s'intéresserait pas à vous ? Vous ne savez pas ce que vous valez, Arlequin.
Cela se peut bien.
Si vous saviez combien il m'est cruel de n'avoir point de pouvoir ! Si vous lisiez dans mon cœur !
Hélas ! je ne sais pas lire, mais vous m'apprendrez. Ah ! que je voudrais n'être plus affligé, quand je vois le souci que cela vous donne ; mais cela viendra.
Non, je ne serai jamais le témoin de votre bonheur. Tout est fini. Trivelin causera, l'on me séparera d'avec vous, et qui sait où l'on m'emmènera ? Arlequin, je vous parle peut-être pour la dernière fois.
51

J'ai donc bien du guignon ! Je n'ai qu'une pauvre maîtresse, ils me l'ont emportée ; vous emporteraient-ils aussi ? Où trouverai-je le courage pour endurer tout cela ? Ces gens-là croient-ils que j'ai un cœur de fer ? Veulent-ils mon trépas ?
En tout cas, j'espère que vous n'oublierez pas Flaminia, *qui* n'a rien tant souhaité que votre bonheur.
M'amie, vous me gagnez le cœur. Conseillez-moi dans ma peine, car je n'arrive pas à penser, moi, quand je suis fâché. Je veux aimer Silvia, et je veux vous garder ; il ne faut pas que mon amour pâtisse de notre amitié, ni notre amitié de mon amour ; me voilà bien embarrassé.
Et moi bien malheureuse ! Depuis que j'ai perdu mon amant, je n'ai eu de repos qu'en votre compagnie. Vous lui ressemblez tant que je crois quelquefois lui parler ; je n'ai vu dans le monde que vous et lui de si aimables.
Pauvre fille ! Il est fâcheux que j'aime Silvia, sans cela, je vous donnerais de bon cœur ma ressemblance avec votre amant. C'était donc un joli garçon ?
Ne vous ai-je pas dit que vous êtes son portrait ?

Je n'ai vu personne me parler si doucement que vous. Je n'aurais jamais cru être aussi joli que vous le dites; mais puisque vous aimiez tant ma copie, il faut bien croire que l'original n'est pas mal.
Je crois que vous m'auriez plu davantage encore... mais je n'aurais pas été assez belle pour vous.
Par la sambille! Je vous trouve charmante!
Vous me troublez, il faut que je vous quitte; je n'ai que trop de peine à m'arracher d'auprès de vous, mais où cela nous conduirait-il? Ah! je ne sais où je suis.
Ni moi non plus.
J'ai trop de plaisir à vous voir.
Un plaisir que je ne vous refuse pas; regardez-moi tant qu'il vous plaira; je vous rendrai la pareille.
Je n'oserais; adieu.

Ce pays-ci n'est pas digne d'avoir cette fille-là. Si par quelque malheur Silvia venait à disparaître, dans mon désespoir, je crois que j'irais avec Flaminia.
Bon! Julie : c'est là que, normalement, il y a une scène entre Arlequin et un seigneur du Palais...
Oui, mais bon! On n'a trouvé personne pour jouer ce seigneur. Je sais: la scène d'après est encore avec Flaminia, qui vient de sortir en disant « adieu »; si elle revient tout de suite, ça paraîtra bizarre... je ne sais pas... on trouvera une astuce pour faire passer du temps.
En attendant, on enchaîne...

Mon cher, je vous amène Silvia ; elle me suit.
Mon amie, vous auriez dû venir m'avertir plus tôt ; nous l'aurions attendue en causant ensemble.
Bonjour, Arlequin. Ah ! que je viens d'essayer un bel habit ! Si vous m'aviez vue, en vérité, vous m'auriez trouvée jolie. Demandez à Flaminia. Ah ! si je portais ces habits-là, les femmes d'ici seraient bien attrapées. Je rivaliserais en beauté avec elles. Oh ! que les couturières d'ici sont habiles !
Ah ! m'amour ! elles ne sont pas si habiles que vous êtes bien faite.
Si je suis bien faite, Arlequin, vous n'êtes pas moins honnête.
Que j'aime à vous voir contents, à présent.

Dame! puisqu'on ne nous empêche plus de nous rencontrer, j'aime autant être ici qu'ailleurs ; qu'est-ce que cela fait d'être là ou là ? On s'aime partout.
Bien sûr! Et nous avons Flaminia qui nous aime comme si nous étions frères et sœurs.
Devinez, Arlequin, qui j'ai rencontré ici ? Mon amoureux qui venait me voir chez nous, ce monsieur si bien tourné. Je veux que vous soyez amis ensemble, car il a bon cœur aussi.
À la bonne heure.
Après tout, quel mal y a-t-il qu'il me trouve à son gré? Les gens qui nous aiment sont de meilleure compagnie que ceux qui ne se soucient pas de nous, n'est-il pas vrai?
Sans doute.
Ah çà! puisque nous voilà tous amis, allons manger, cela amuse.

Allez, allez, Arlequin ; puisque nous nous voyons quand nous voulons, ce n'est pas la peine de nous ôter notre liberté à nous-même ; ne vous gênez point.
Viendrez-vous, Flaminia ?
Je m'en vais avec vous, à bientôt Silvia.

Takatakatakatac!
Qu'avez-vous, Silvia ? Vous semblez chagrine.
Ne trouvez-vous pas qu'Arlequin devient un peu négligent ? Il m'a quittée tantôt pour aller goûter ; la belle excuse !
58

Je l'ai remarqué ; mais parlons-nous de fille à fille : dites-moi, après tout, l'aimez-vous tant, ce garçon?
Mais oui, je l'aime; il le faut bien.
Voulez-vous que je vous dise? Vous me paraissez mal assortis ensemble. Vous avez du goût, de l'esprit, l'air fin et distingué ; il a l'air pesant, des manières grossières ; cela ne cadre point et je ne comprends pas comment vous l'avez aimé.
Mettez-vous à ma place! C'était le garçon le plus passable du canton ; il demeurait dans mon village ; il était mon voisin. Il est assez facétieux, il me faisait rire. Il me suivait partout, il m'aimait ; j'avais coutume de le voir, et de coutume en coutume, je l'ai aimé aussi, faute de mieux ; mais j'ai bien vu qu'il était enclin au vin et à la gourmandise.
Voilà de jolies vertus! Surtout chez l'amant de l'aimable et tendre Silvia! Mais à quoi vous déterminez-vous donc dans le choix d'un homme?
Je ne sais que dire : il me passe tant de oui et de non par la tête... D'un côté, Arlequin est un petit négligent qui ne songe ici qu'à manger ; d'un autre côté, il y a ce monsieur que j'ai retrouvé ici... Oh! j'ai toujours eu du guignon avec les rencontres!

Que voulez-vous dire ?
Je vous le dit en secret : je ne sais ce qu'il m'a fait, depuis que je l'ai revu ; mais il m'a toujours paru si doux, il m'a dit des choses si tendres, il m'a conté son amour d'un air si poli, si humble...
L'aimez-vous ?
Je ne crois pas, car je dois aimer Arlequin. Si Arlequin se mariait à une autre fille que moi, à la bonne heure. Je serais en droit de lui dire : « Tu m'as quittée, je te quitte » ; mais qui voudrait d'Arlequin ici, rude et bourru comme il est ?
Moi.
J'ai toujours eu envie de passer ma vie aux champs ; Arlequin est grossier ; je ne l'aime point, mais je ne le hais pas ; et dans les sentiments où je suis, s'il voulait, je vous en debarrasserais volontiers pour vous faire plaisir.
Mais mon plaisir, où est-il ? il n'est ni là, ni là ; je le cherche.

Vous verrez le Prince aujourd'hui...
Voici ce cavalier qui vous plaît; tâchez de prendre votre parti. Adieu, nous nous retrouverons bientôt.
Vous voilà. Vous allez encore me dire que vous m'aimez, pour me mettre davantage en peine.
Belle Silvia, quand mon amour vous fatiguera, quand je vous déplairai, vous n'avez qu'à m'ordonner de me taire et de me retirer. Je suis résolu de vous obéir en tout, et je souffrirai sans me plaindre.

Qu'avais-je dit ! Comment voulez-vous que je vous renvoie ? M'obéir en tout... souffrir sans vous plaindre... c'est bien là le moyen de faire que je vous ordonne quelque chose ! Si je vous dis : « Allez-vous-en », vous croirez que je vous hais, et cela ne sera pas vrai ; vous serez affligé, et j'en deviendrai malheureuse.
Que voulez-vous donc que je fasse, belle Silvia ?
Oh ! ce que je veux ! j'attends qu'on me le dise ; je sais encore moins que vous ce que je dois faire : voilà Arlequin qui m'aime ; voilà le Prince qui demande mon cœur, et vous voilà, vous qui méritez de l'avoir. Vous me donnez bien du souci, vous m'aimez trop ; je voudrais ne vous avoir jamais connu.
Vos discours m'émeuvent, Silvia. Vous êtes si touchée de ma douleur... Ma tendresse, toute grande qu'elle est, ne vaut pas le chagrin que vous avez de ne pouvoir m'aimer.
Vous aimer... cela ne serait pas difficile, si je voulais.
Ne m'empêchez pas de vous regretter toujours.
62

Cessez, je vous prie ! Je ne supporte plus de vous voir si tendre ; il semble que vous le fassiez exprès !
Je ne veux plus vous tourmenter. Vous souhaitez que je vous quitte ; je ne dois pas résister aux volontés d'une personne si chère. Adieu Silvia.
Ecoutez-le : « Adieu Silvia. » Où allez-vous ? Restez là, voilà ma volonté.
Je croyais vous obliger.
Quel tracas que tout cela ! Que faire d'Arlequin ? Si encore vous étiez le Prince...
Si j'étais le Prince ?
Ce serait différent : je dirais à Arlequin que vous êtes le maître, que l'on ne peut rien contre votre bon plaisir ; ce serait mon excuse.

Mais il n'y a que pour vous que je voudrais me servir de cette excuse-là.
Qu'elle est aimable ! Il est temps de dire qui je suis.
Qu'avez-vous ? est-ce que je vous fâche ? Ce n'est pas pour la principauté que je voudrais que vous fussiez Prince, c'est pour vous seul ; si vous l'étiez, Arlequin ne saurait pas que je vous prendrais par amour : voilà ma raison.
Et puis NON ! même si vous étiez le maître, je ne pourrais me résoudre à être une infidèle ; tout est fini.
Ne dévoilons pas encore la vérité...

Silvia, je pars. Conservez-moi seulement les bontés que vous avez pour moi. Le Prince vous a fait préparer un spectacle ; permettez que je vous y accompagne et que je profite de toutes les occasions d'être avec vous. Après la fête, vous verrez le Prince ; je suis chargé de vous dire que vous serez libre de vous retirer, si votre cœur ne ressent rien pour lui.
Oh ! mon cœur ne ressentira rien ; c'est comme si j'étais partie ; mais quand je serai chez nous, y viendrez-vous? Qui sait ce qui peut arriver? Maintenant séparons-nous, de peur qu'Arlequin ne vienne.

Vous avez bien fait, seigneur, de ne pas révéler qui vous êtes, malgré tout ce que Silvia vous a dit de tendre ; ce retardement ne gâte rien ; il ne fera que renforcer le penchant qu'elle a pour vous. Vous voilà presque arrivé où vous souhaitiez.
Ah ! Flaminia, qu'elle est aimable !
Elle l'est infiniment.

Je ne connais rien comme elle, à la cour. Quand une maîtresse, à force d'amour, nous dit : « Je vous aime », cela fait assurément grand plaisir. Eh bien, Flaminia, ce plaisir-là n'est que fadeur en comparaison de celui que m'ont donné les discours de Silvia, qui ne m'a pourtant point dit : « Je vous aime »... Ici, les femmes ont une sorte d'éducation et des manières qui falsifient la nature. Chez Silvia, c'est le cœur tout pur qui me parle : il montre ses sentiments comme ils viennent. Ainsi, dit-elle, elle est affligée de ne pouvoir m'aimer, et tout ce qui la retient, c'est qu'elle doit être fidèle à Arlequin.

Aussi Flaminia, hâtez-vous de le séduire. Sera-t-il bientôt gagné?
Au vrai, seigneur, je le crois tout à fait amoureux de moi, mais il n'en sait rien.
Fort bien.
Je vais l'instruire de ce penchant qui est *incognito* chez lui. Vous lui parlerez avec douceur, comme nous en sommes convenus; tout cela, je pense, va vous tirer d'inquiétude, et terminer mes travaux, dont je sortirai, seigneur, victorieuse... et vaincue.
Que voulez-vous dire?
C'est que, pour me désennuyer dans le cours de notre intrigue, j'ai pris du goût pour Arlequin, et je me suis piquée au jeu.
Mais retirons-nous; il ne faut pas qu'Arlequin vous voie encore, et je le vois qui vient.

Bien ! Que voulez-vous que je fasse de l'écritoire et du papier que vous m'avez fait prendre ?
Patience, mon domestique !
Tant qu'il vous plaira.
Dites-moi, qui est-ce qui me nourrit, ici ?
C'est le Prince.
Par la sambille ! la bonne chère que je fais me donne des scrupules.
Pourquoi cela ?
Pardi ! J'ai peur d'être en pension sans le savoir, et de devoir un jour payer la note !
Ha ! Ha ! Ha ! Ha !

De quoi riez-vous, grand benêt ?
Je ris de votre idée, qui est plaisante ; allez, seigneur Arlequin, mangez sans remords et buvez de même ; on ne vous présentera pas de facture !
Bien, je vous crois. Dites-moi, j'ai l'intention d'écrire au Prince, pour l'avertir que je m'ennuie. S'il veut me garder, il faut en finir et nous marier, Silvia et moi ; il faut aussi qu'on m'ouvre les portes du Palais, car j'ai coutume de trotter partout, et d'avoir la clef des champs. Ensuite, nous tiendrons ici ménage avec l'amie Flaminia qui ne veut pas nous quitter à cause de son affection pour nous.
Mais, seigneur Arlequin, il n'est pas besoin de mêler Flaminia là-dedans.
Cela me plaît à moi ; et si le Prince a toujours bonne envie de nous régaler, nous en profiterons volontiers. Allons, mauvais valet ! tirez votre plume et griffonnez sous ma dictée...
Dictez.

«Monsieur...»
Halte-là ! dites : «Monseigneur...»
Mettez les deux, il choisira.
Fort bien !
« Vous saurez...»
Doucement ! Vous devez dire : «Votre grandeur saura...»
«Votre grandeur saura !» C'est donc un géant, ce Prince ?
Non, mais qu'importe.
Quel diantre de galimatias ! «Votre grandeur saura... que j'ai une maîtresse qui s'appelle Silvia, ainsi qu'une bonne amie que j'ai depuis peu, qui ne saurait se passer de nous, ni nous d'elle...»
Quoi ? Flaminia ne saurait se passer de vous ? Aïe ! la plume me tombe des mains.
70

Que signifie cette impertinente pâmoison ?
Il y a deux ans, seigneur Arlequin, il y a deux ans que je soupire en secret pour elle.
Que c'est fâcheux, mon mignon ! En attendant qu'elle en soit informée, je vais vous faire quelques remerciements de sa part.
Des remerciements à coups de bâton ! Je ne suis pas friand de ces compliments-là. Mais que vous importe que je l'aime ? Vous n'avez que de l'amitié pour elle, et l'amitié ne rend point jaloux.
Vous vous trompez ; l'amitié me fait le même effet que l'amour ; en voilà des preuves.
Aïe ! Oh ! peste soit de l'amitié !

Qu'est-ce que c'est ? Qu'avez-vous, Arlequin ?
Bonjour, m'amie ; c'est ce faquin qui dit qu'il vous aime depuis deux ans.
Cela se peut bien.
Et vous, m'amie, que dites-vous de cela ?
Que c'est tant pis pour lui.
Vraiment ?
Sans aucun doute ; mais seriez-vous donc fâché que l'on m'aimât ?
Hélas ! si vous aviez un amant, vous l'aimeriez peut-être ; et vous m'en feriez ma part d'amitié plus petite. Oh ! de cette part-là, je n'en voudrais rien perdre.
Arlequin, savez-vous bien que vous ne ménagez pas mon cœur ?
Moi ? et quel mal lui fais-je donc ?
72

Si vous continuez de me parler comme vous le faites, je ne saurai plus bientôt de quelle espèce seront mes sentiments pour vous. En vérité, je n'ose m'examiner là-dessus.
N'examinez pas, Flaminia ; cela sera ce que cela pourra ; au reste, croyez-moi, ne prenez point d'amant ; si je n'avais point déja de maîtresse, je n'en chercherais pas ; qu'en ferais-je avec vous ? Elle m'ennuierait.
Comment rester votre amie, après tout ce que vous dites ?
Eh ! que serez-vous donc ?
Ne me le demandez pas. Ce qui est sûr, c'est que dans le monde, je n'aime plus que vous. Vous n'en pouvez pas dire autant : Silvia passe avant moi.
Chut ! Vous allez de compagnie ensemble, et je vous veux toutes les deux près de moi.
Je dois partir, car le Prince m'a mandée, et je vais voir ce qu'il me veut. Adieu Arlequin, je serai bientôt de retour.
73

Peuh !

Qui diantre vient encore me rendre visite ? Ah ! c'est cet officier qui a rendu cinq ou six visites à Silvia.
Vous voilà donc, Monsieur le babillard, qui allez dire partout que ma maîtresse est belle ; ce qui fait qu'on me l'a escamotée !
Point d'injure, Arlequin. Le Prince m'a donné ordre de vous parler.
Mais moi, je n'ai pas reçu l'ordre de vous écouter !
Bien ! Prends un esprit plus doux, et connais-moi, puisqu'il le faut ; c'est ton Prince lui-même qui te parle, et non pas un officier du Palais, comme tu l'as cru jusqu'ici, et comme l'a cru Silvia.

Votre parole?
Tu dois m'en croire.
Excusez, Monseigneur, je suis un sot d'avoir été impertinent avec vous.
Je te pardonne volontiers.
Puisque vous n'avez pas de rancune contre moi, faites que je n'en aie pas contre vous. Je ne puis me permettre d'être fâché contre un prince, je suis trop petit pour cela. Si vous m'affligez, je ne pourrai que pleurer, et puis c'est tout.
Tu te plains donc de moi, Arlequin?
Que voulez-vous, Monseigneur? j'ai une fille qui m'aime ; vous, vous en avez plein votre maison, et pourtant vous m'ôtez la mienne. Disons cela autrement : je suis pauvre, je n'ai qu'un sou ; et vous qui êtes riche de mille écus, vous vous jetez sur ma pauvreté, et vous m'arrachez mon sou...
Cela n'est-il pas bien triste?
Il a raison, et ses plaintes me touchent.

Je sais bien que vous êtes un bon prince, tout le monde le dit dans le pays; il n'y aura que moi qui n'aurai pas le plaisir de dire comme les autres.
Je te prive de Silvia, il est vrai; mais demande-moi ce que tu voudras; je t'offre tous les biens que tu pourras souhaiter, et laisse-moi cette seule personne que j'aime.
Ce marché-là n'est point bon, vous gagneriez trop sur moi. Répondez-moi en conscience: si un autre que vous me l'avait prise ne l'obligeriez-vous pas à me la rendre ? Vous avez là une belle occasion de montrer que la justice est pour tout le monde.
Que lui répondre?
Allons Monseigneur, vous n'avez qu'à vous dire: « Faut-il que je gâche le bonheur de ce petit homme parce que j'en ai le pouvoir? Ne faut-il pas que je sois son protecteur, puisque je suis son maître? S'en ira-t-il sans avoir justice? Je dois faire mon devoir de prince et j'ordonne donc que je lui rendrai Silvia.»

Ne changeras-tu jamais de langage? Vois comme j'agis envers toi. Je pourrais te renvoyer et garder Silvia sans t'écouter; cependant, malgré le peu de respect que tu me montres, je m'intéresse à ta douleur; je cherche à la calmer par mes faveurs; je descends jusqu'à te prier de me céder Silvia de bonne volonté; tout le monde t'y exhorte, tout le monde te blâme et me donne raison.
Eh! Monseigneur, ne vous fiez pas à ces gens qui vous disent toujours que vous avez raison. Sans ces gens-là, vous ne me chercheriez point de chicane; vous ne diriez pas que je vous manque de respect parce que je vous présente mon bon droit.
Va, tu me désespères.
Que je suis à plaindre!
Faut-il donc que je renonce à Silvia? Arlequin, je t'ai causé du chagrin; mais celui que tu me fais est plus cruel que le tien.

Prenez quelque consolation, Monseigneur : promenez-vous, voyagez... Votre douleur se passera sur les routes.
Non, mon garçon : j'espérais quelque chose de ton bon cœur, mais tu me fais tout le mal qu'on peut me faire. Qu'importe ! je t'ai promis mes bienfaits ; ta dureté n'empêchera pas que tu en jouisses.
Aïe ! qu'on a de mal dans la vie !
Tu as raison : j'ai eu tort à ton égard ; je me reproche l'action que j'ai faite, c'est une injustice ; mais tu n'en es que trop vengé.
Aïe ! Aïe ! Il faut que je m'en aille : vous êtes trop désolé d'avoir tort ; j'ai peur à présent de vous donner raison.
Non, tu demandes justice à bon droit ; sois heureux à mes dépens.

Vous avez tant de charité pour moi; n'en aurais-je donc pas pour vous?
Ne t'inquiète pas pour moi.
Que j'ai de souci! le voilà peiné.
Je te sais gré de ta compassion. Adieu Arlequin; je t'estime malgré tout.
Monseigneur!
Que veux-tu? Me demandes-tu quelque faveur?

Non; c'est que je ne sais pas si je veux toujours vous refuser celle que vous voulez.
Tu as le cœur excellent, Arlequin.
80

Vous aussi ! voilà qui m'ôte tout courage. Hélas ! que les bonnes gens sont faibles !
J'admire tes sentiments.
Je ne vous promets rien ; il y a trop de confusion en moi ; mais dites-moi : si je vous donnais Silvia, deviendrais-je votre favori ?
Qui le serait, sinon toi ?
C'est qu'on m'a dit que vous aviez coutume d'être flatté ; moi, j'ai coutume de dire vrai.
Dis-moi toujours ce que tu penses, si tu veux que nous restions amis.
Est-ce que Flaminia...
Ah ! ne me parle pas de Flaminia, je suis très en colère contre elle.
C'est pourtant la meilleure fille du monde ; vous ne devez point lui vouloir de mal.
81

Apparemment, mon coquin de valet aura médit de ma bonne amie. Par la mardi ! il faut que j'aille voir où elle est.
Bonjour Flaminia, j'allais vous chercher.
Adieu Arlequin.
Comment : « adieu » ?
Trivelin nous a trahis ; il est allé dire au Prince que je le desservais, et le Prince vient de m'ordonner de partir d'ici pour toujours. Malgré cela, je n'ai pu m'empêcher de venir vous parler encore une fois ; ensuite, j'irai où je pourrai pour éviter sa colère.
82

Ah! me voilà un joli garçon, à présent!
Je suis au désespoir! Me voir séparée pour jamais d'avec vous, de tout ce que j'avais de plus cher au monde! Le temps me presse, je suis forcée de vous quitter; mais avant de partir, il faut que je vous ouvre mon cœur.
Aïe! Qu'est-ce, m'amie? qu'a-t-il, ce cher cœur?
Ce n'est point de l'amitié que j'ai pour vous, Arlequin; je m'étais trompée.
C'est donc de l'amour?
Et du plus tendre. Adieu.
Attendez... je me suis peut-être trompé, moi aussi, sur mon compte.
Arlequin, ne m'en dites pas davantage; je m'enfuis.
BLAM!

Restez: Mon amitié est partie aussi loin que la vôtre : voilà que je vous aime, cela est décidé, je n'y comprends rien. Ouf !
Quelle histoire !
Je ne suis point marié, par bonheur. Silvia se mariera avec le Prince et il sera content. Ensuite, puisque notre cœur s'est mécompté et que nous nous aimons par mégarde...
Nous nous marierons ensemble?
Vraiment, oui.
Épousez-moi, j'y consens; mais il n'y a point de temps à perdre; je crains qu'on ne vienne m'ordonner de sortir.
Ah! je pars pour parler au Prince.
Ne dites pas à Silvia que je vous aime ; elle croirait que je suis dans mon tort et vous savez que je suis innocent. Je lui dirai que c'est pour son bien que je la laisse là.
Bien! J'allais vous le conseiller.

Donnez-moi votre main, que je la baise...
SMAC!
Qui aurait cru que j'y prendrais tant de plaisir? Cela me confond.
VVVVOUFFF
En vérité, le Prince a raison ; ces petites personnes-là font l'amour d'une manière à ne pouvoir y résister.

Voici Silvia. À quoi rêvez-vous donc ?
Je rêve à moi, et je n'y comprends rien.
Que trouvez-vous donc en vous de si incompréhensible ?
J'aimais Arlequin, n'est-ce-pas ? Eh bien je crois que je ne l'aime plus.
Ce n'est pas un si grand malheur.
Quand bien même ce serait un malheur, qu'y pourrais-je ? Lorsque je l'ai aimé, c'était un amour qui m'était venu ; à cette heure, je ne l'aime plus, c'est un amour qui s'en est allé ; il est venu sans que je veuille, il s'en retourne de même ; je ne crois pas être blâmable.
86

Je pense à peu près de même.
«À peu près»? Il n'y a pas ici de place pour l'«à peu près», il faut penser tout à fait comme moi.
Pourquoi vous emportez-vous?
Je m'emporte avec raison; je vous consulte sans facon, et vous allez me répondre des «à peu près» qui me chicanent.
Ne voyez-vous pas que je badine? C'est cet officier, n'est-ce pas, que vous aimez?
Et qui d'autre? Pourtant, je n'y consens pas encore, à l'aimer; mais à la fin, il faudra bien y venir : car dire toujours non à un homme, toujours le consoler de la peine qu'on lui fait, dame! cela lasse : il vaut mieux ne plus lui en faire.
Je l'attends; nous avons causé plus de deux heures ensemble, et il va revenir, accompagné du Prince. Cependant, j'ai peur qu'Arlequin ne s'afflige trop: qu'en dites-vous?
Ne vous inquiétez pas, on trouvera aisément moyen de l'apaiser.
L'apaiser! Il est donc bien facile de m'oublier?
Lui, vous oublier? Il sera désespéré.
Ah! Qu'avez-vous besoin de me dire cela! Vous me rendez à nouveau incertaine avec votre désespoir!
87

Il vaudrait donc mieux qu'il ne vous aimât plus...
S'il ne m'aime plus, je ne veux pas le savoir.
S'il ne vous aime plus, vous n'êtes pas contente ; s'il vous aime encore, vous en êtes fâchée ! Que vous faut-il donc ?
Riez ! Je voudrais bien vous voir à ma place !
Votre amant vous cherche ; croyez-moi, finissez avec lui sans vous inquiéter du reste.
Eh quoi ! Silvia, vous ne me regardez pas ? Vous devenez chagrine toutes les fois que je vous aborde ; j'ai toujours la triste impression de vous être importun.

Importun! Je parlais de vous à l'instant même.
Et que disiez-vous?
Je disais que vous ne saviez pas encore ce que je pensais.
Je sais que vous êtes résolue à me refuser votre cœur, et c'est là savoir ce que vous pensez.
Vous n'êtes pas si savant que vous le croyez. Je suis promise à Arlequin ; mais admettons, à présent, que j'aie envie de vous aimer ; si je contentais mon envie, ferais-je bien? ferais-je mal? Là, conseillez-moi honnêtement.
Comme on n'est pas le maître de son cœur, si vous aviez envie de m'aimer, vous seriez en droit de vous satisfaire.
C'est aussi mon avis ; ainsi je vous aimerai, s'il me plaît, sans qu'il y ait à redire. Mais ce Prince, puisqu'il faut que je le voie, quand viendra-t-il?
Il ne viendra que trop tôt pour moi ; lorsque vous le connaîtrez, vous ne voudrez peut-être plus de moi.

Vous revoilà dans la crainte! Avez-vous donc juré de n'avoir jamais un moment de bonheur?
Je vous avoue que j'ai peur.
Ne tremblez plus; je n'aimerai jamais le Prince, je vous en fais le serment par...
Arrêtez, Silvia; n'achevez pas votre serment, je vous en conjure.
Vous m'empêchez de jurer? Très bien!
Voulez-vous que je vous laisse jurer contre moi?
Contre vous!
Est-ce que vous êtes le Prince?

Oui, Silvia ; je vous ai jusqu'ici caché mon rang, pour essayer de gagner votre tendresse sans autre arme que la mienne. À présent que vous me connaissez, vous êtes libre d'accepter ma main et mon cœur, ou de refuser l'un et l'autre.
Mon cher Prince, j'allais faire un beau serment !

Si vous avez cherché le plaisir d'être aimé de moi, vous avez trouvé ce que vous cherchiez.
Notre union est donc assurée.
J'ai tout entendu, Silvia.

Eh bien, Arlequin, je n'aurai donc pas la peine de vous le dire ; consolez-vous donc comme vous pourrez. Le Prince va vous parler. Moi, j'ai le cœur conquis : voyez, accommodez-vous ; je n'obéis plus à ma raison. Qu'est-ce que vous me diriez ? Que je vous quitte. Qu'est-ce que je vous répondrais ? Que je le sais bien. Mettons que vous l'avez dit, mettons que j'ai répondu, et voilà qui sera fini.

Flaminia, c'est à vous que je remets Arlequin ; je l'estime et je vais le combler de biens. Toi, Arlequin, accepte de ma main Flaminia pour épouse, et sois pour jamais assuré de la bienveillance de ton prince.

Belle Silvia, souffrez que les fêtes qui vous sont préparées annoncent ma joie à des sujets dont vous allez être la souveraine.

Achevons cette comédie
Par un trait de moralité :
Tout cœur de femme en cette vie
Est sujet à légèreté,
Mais s'il faut vous le dire en somme,
En revanche tout cœur d'homme
Ne vaut pas mieux en vérité.

CLAP!
CLAP!
CLAP!
CLAP!
BRAVO!
CLAP!
CLAP!
CLAP!
BRAVO!
CLAP!
BRAVO!
CLAP!
BRAVO!
CLAP!
CLAP!
CLAP!
CLAP!
BRAVO!
CLAP!
CLAP!
CLAP!

FIN